Härtere Aufschläge Beim Einzel Und Doppel

Joseph Correa

Lizenzierter Profi-Tennistrainer

Schlag wie ein Profi auf!

COPYYRIGHT

© 2016 Finibi Inc

Alle Rechte vorbehalten. Dieses Buch oder Auszüge dessen darf nicht reproduziert oder in anderer Weise genutzt werden ohne schriftliche Genehmigung des Verlegers – ausgenommen hiervon sind kurze Zitate mit Verweis auf dieses Buch.

Das Scannen, Hochladen und Verbreiten dieses Buches über das Internet oder andere Medien ohne die ausdrückliche Genehmigung des Verlegers oder Autors sind illegal und verstoßen gegen das Gesetz.

Kaufe nur autorisierte Editionen dieses Buches. Bitte konsultiere deinen Arzt bevor du trainierst und dieses Buch nutzt.

ÜBER DEN AUTOR

Hallo, mein Name ist Joseph Correa und ich trainiere und unterrichte Tennis seit über 15 Jahren. Ich habe Jahre lang professionell Tennis gespielt und bin nun ein von der USPTR lizenzierter Coach.

Nach Jahren des Wettkampfes und Trainings mit einigen der Besten der Welt habe ich gelernt, dass die meisten Menschen sehr erfolgreich im Wettkampf sein können, wenn sie das richtige mentale, physische und emotionale Training haben.

Um dein Ziel zu erreichen, müssen bewiesene wissenschaftliche Techniken, Übungen und Schritt-für-Schritt-Anleitungen durchgeführt werden. Aus diesem Grund habe ich die ersten Trainings-DVDs und Bücher entworfen, um zu zeigen, wie du deine Ziele erreichst.

Durch meine Arbeit und Lehrhilfen habe ich hunderten Amateuren und professionellen Tennisspielern geholfen, ihre physischen, mentalen und leistungsorientierten Ziele voranzutreiben und großartige Erfolge zu erzielen.

Ich lehre dich alles, was ich weiß und was dir hilft, deine Ziele zu erreichen und hoffe, dass dir die Übungen Spaß machen und du sie mit anderen teilst. Um mehr über die verschiedenen Lektionen meiner Bücher und DVDs zu lernen, besuche www.tennisvideostore.com. Viele weitere Bücher werden dieses Jahr herauskommen mit einigen fortgeschrittenen Übungen und Techniken.

Viel Glück,

Joseph

INHALT

COPYRIGHT

ÜBER DEN AUTOR

INHALT

FÜR DIE ÜBUNGEN BENÖTIGTE MATERIALIEN

TEIL 1: *WIE MAN DIE ÜBUNGEN AUSFÜHRT*

TEIL 2: *WIE MAN DIE TABELLEN INTERPRETIERT*

TEIL 3: *SECHS GEHEIMNISSE FÜR EINEN SCHNELLEREN AUFSCHLAG*

12 WEITERE TENNIS-TIPPS UM DEIN SPIEL ZU VERBESSERN

15 AUFSCHLAGÜBUNGEN IM TENNIS ZUR VERBESSERUNG VON KONSISTENZ, SPIN UND KRAFT

ANDERE TITEL VON JOSEPH CORREA

TEIL 1: *WIE MAN DIE ÜBUNGEN AUSFÜHRT*

Das ist ein Workout, das Ergebnisse zeigen wird und deine Aufschläge 16-32 km/h schneller werden lässt als du zuvor, zu Beginn dieses Programms, aufgeschlagen hast. Denk daran, dass es einige Dinge gibt, die dazu beitragen, dass du einen härteren Aufschlag machst. Wir werden sie durchgehen, so dass das Programm auch für dich funktioniert. In anderen Worten: folge den Tabellen und dem Handbuch ohne Schritte oder Tage in deinem Trainings-Kalender zu überspringen, so dass du die Ergebnisse sehen wirst.

WAS DU BRAUCHEN WIRST

Lass uns zuerst damit anfangen, was du brauchen wirst:

<u>Du benötigst:</u>

1 TENNISSCHLÄGER (VORZUGSWEISE DEINEN)

10 TENNISBÄLLE (EGAL WELCHEN TYP)

1 HÜPFENDER MEDIZINBALL

1 DEHNBARES ODER ELASTISCHES ÜBUNGSBAND

TENNIS KLEIDUNG (BEQUEME TRAININGS-KLEIDUNG)

TENNISPLATZ

Härtere Aufschläge Beim Einzel Und Doppel

Um härter aufzuschlagen, musst du 6 Basis-Elemente haben, die zusammen als ein Team arbeiten. In diesem Buch werden wir uns auf 6 Übungen konzentrieren, die bei verschiedenen Sportarten angewendet werden, aber in ähnlicher Weise beim Aufschlag im Tennis verwendet werden.

Gut zu werfen genau wie eine Jongleur ist das *erste* und wichtigste Element. Gut zu werfen ist gleichbedeutend damit das Potential für einen guten Aufschlag zu haben. Schlecht zu werfen bedeutet niemals einen guten Aufschlag zu machen. Es ist natürlich zu denken, dass du sicherstellen musst, dass sich der Ball zum Zeitpunkt des Schlages im richtigen Moment an der richtigen Stelle befindet, wenn du eine schnellere Aufschlag-Geschwindigkeit als normal erreichen willst.

Das zweite Element ist ein Ziel. Wenn du ein Ziel haben willst wie ein Bogenschütze, ist die richtige Körperhaltung not-wendig. Beim Tennis erreicht man die richtige Körperhaltung, in dem man eine „Tennis-Trophäe-Haltung" einnimmt, bevor man beschleunigt. Such nach einem Tennis-Pokal und schau dir die Haltung ab. Du wirst eine ähnliche Haltung wie die eines Bogenschützen erkennen, aber du richtest dich aufwärts und deine Knie sind tief gebeugt.

Das dritte Element ist sich zu wenden, bevor du den Ball schlägst. Die meisten Quarterbacks beim Football verfügen über eine unbeschreibliche Wurf-Kraft und der Grund dafür, warum sie eine so große Beschleunigung erzielen liegt darin, dass sie sich wenden. Übe deine Schultern mehr zur Seite zu drehen, so dass du dich zum Ball wenden kann und innerhalb einer Sekunde (oder so schnell du kannst, im Bruchteil einer Sekunde wäre ideal) deinen ganzen Oberkörper benutzen kannst.

Das vierte Element ist springen. Daher bekommen die meisten, fortgeschrittenen Tennisspieler ihre zusätzliche Geschwindig-keit bei ihren Aufschlägen her. Basketballspieler sind Meister darin einen schnellen und kraftvollen Hochsprung auszuüben. Du solltest diesen wichtigen Punkt bei deinen Aufschlägen lernen und anwenden, um die Ergebnisse zu erzielen, die du willst. Selbst wenn es etwas Zeit braucht zu lernen, wie du das Springen und Schwingen koordinierst.

Das fünfte Element ist die Beschleunigung deines Schwungs. Wir nutzen den Wurf eines Baseballspielers um die fundamentale Technik hinter einer guten Wurfbewegung zu verstehen, da diese sehr ähnlich zu der Armbewegung eines Tennisspieler ist, der einen Tennisschläger schwingt und die nötige Beschleunigung erzeugt. Durch das Verbessern deines Wurfs wirst du deinen Schwung verbessern. Du wirst sehr viel während des Trainingsprogramms daran arbeiten, so dass du jedes Mal weiter und weiter werfen kannst, was gleichbedeutend ist mit einem kräftigeren Aufschlag.

Das sechste und letzte Element ist "den Ball niederzuschmettern". So wichtig es auch ist deinen Körper nach oben, in Richtung des Balls zu strecken, brauchst du dennoch die andere Seite der Gleichung, welche darin besteht, beim Aufschlag so viel Kraft wie möglich mit beiden Armen und dem Oberkörper nach unten zu richten. Der Kopf bleibt oben so als ob d Augenkontakt behältst.

Das sind die 6 Aufschlagübungen, die du tun wirst:

Wurf eines Tennisballs

Beschleunigen des Aufschlags

Squat Jumps

Wurf eines Medizinballs

Bänderdreieck

Vollständige Aufschläge

Härtere Aufschläge Beim Einzel Und Doppel

Härtere Aufschläge Beim Einzel Und Doppel

Das Werfen von Tennisbällen sollte mit einer entspannten Bewegung ausgeführt werden genauso wie der Wurf eines Werfers beim Baseball. Beginne damit, dein Gewicht auf deinen hinteren Fuß zu verlagern und ende mit dem Gewicht auf deinem rechten Fuß (für einen Rechtshänder, für einen Linkshänder wäre es umgekehrt). Versuch sicherzustelle, dass dein Ellbogen eine Gerade bildet, ansonsten werden die Würfe nur deine Schulter verletzen. Benutze deinen linken Arm um dich schneller zu drehen, indem du ihn beim Werfen nach links wendest. Du wirst einen ähnlichen Zug mit dem linken Arm ausführen, wenn du aufschlägst, aber es wird ein gewinkelter Wurf nach unten sein, wenn du den Ball schlägst.

Härtere Aufschläge Beim Einzel Und Doppel

Aufschlag-Beschleunigungen sind das Rückgrat dieser Übungsserien. Stell daher sicher, dass du sie richtig machst. Diese Übung einzusetzen als Teil deines Aufwärmprogramms vor einem Aufschlag ist sehr effektiv und wird Schulter-, Ellbeugen- und Faustverletzungen vorbeugen. Beschleunigungen deines Aufschlags sind Aufschlag-Schwünge, die du ohne einen Tennisball ausführst, was bedeutet, dass du in der Luft schwingst und einen „Wusch" erzeugst, wenn du schneller wirst. Der Bruch zwischen deinem Tennisschläger und der Luft erzeugt ein pfeifendes Geräusch. Bereite dich wie bei einem normalen Aufschlag vor, inklusive Sprung und Konsequenz. Beende die Übung, indem du auf die Grundlinie trittst oder springst. Ende immer vor der Grundlinie. SPRING NIEMALS ZURÜCK! Wenn du zurückspringst, wirst du niemals lernen, dein Köpergewicht für eine höhere Aufschlag-Geschwindigkeit zu nutzen.

.

Squat Jumps sind sehr einfache Übungen, die auf dem Feld gemacht werden können. Es ist aber besser, wenn du sie auf dem Gras oder einem weichen Untergrund machst um Knieverletzungen zu vermeiden. Du brauchst außerdem bequeme Schuhe, die so viel wie möglich von dem Stoß abdämpfen, da du sehr viele Sprünge machen wirst. Beuge deine Knie und Beine auseinander und deine Hüfte nach unten Richtung Boden, ohne dass deine Knie nach vorne gehen (genau wie beim Sitzen auf einem Stuhl!). Wenn du mit deinen Knien nach vorne gehst, kann eine unnötige Belastung auf deinen Knie verursachen. Wenn du deine Knie zusammen lässt, wird das Gelenke und Bänder verletzen. Vermeide also diese zwei Haltungen. Verwende deine Arme als eine Art Propeller, wenn du in die Luft springst. Wenn du auf dem Boden landest, halt deine Füße zusammen, um den Stoß zu minimieren, jedes Mal, wenn du diese Übung machst.

Wenn du die Squat Jumps jede Woche wiederholst, solltest du danach höher springen können und das ist gleichbedeutend mit einem höheren Schwung deiner Arme. Die zusätzliche Stärke deiner Beine wird dir nicht nur helfen die Geschwindigkeit zu erhöhen, sondern wird dir auch zu einer höheren Stelle beim Aufschlag verhelfen, was dir dazu verhilft, mehr Aufschläge herein zu spielen.

Härtere Aufschläge Beim Einzel Und Doppel

Das Werfen eines Medizinballs sollte mit einem Ball ausgeführt werden, der deiner Stärke angemessen ist. Verwende keinen Medizinball, der über 90 Kilogramm wiegt, da das deinen Aufschlag lediglich langsamer und nicht schneller werden lässt. Teste verschiedene Bälle auf und probiere, welcher am besten für dich ist. Wähle einen auf Grundlage der Anzahl an Wiederholungen, die du in der Trainings-Tabelle findest. Dadurch erlangst du eine perfekte Technik. Du wirst jedes Mal, wenn du trainierst, deine entsprechenden Muskeln stärken. Du solltest mit einem Ball hinter deinem Kopf beginnen und die Ellbogen dabei gewinkelt lassen. Beuge deine Knie und wirf den Ball gerade nach unten, so dass er bis auf Schulterhöhe zurückprallt. Fang den Ball und wiederhole das so oft, wie die Tabelle es fordert.

Das Training zum Bänderdreieck ist eine Übung für Fortgeschrittene und muss ordentlich gemacht werden, um maximale Ergebnisse zu erzielen. Beginne, indem du mit deinem rechten Knie den Boden berührst, wenn du denn Rechtshänder bist (das linke Knie, wenn du Linkshänder bist).

Platziere das Band als nächstes um einen stabilen Gegenstand wie beispielsweise einen Zaun, einen Baum, ein Netzpfosten oder etwas anderes. Nimm das Band in deine rechte Hand und beuge deine Ellbogen so, als ob du eine ziehende und drückende Bewegung mit deinem rechten Arm vollführen würdest. Genau das tust du auch bei einem Aufschlag. Lege zur gleichen Zeit deinen linken Ellbogen herunter an deine linken Rippen, um sie kontrahieren zu spüren. Gehe anschließend wieder zurück zur Anfangsposition, in welcher kein Widerstand gegen deine rechte und linke Hand ausgeübt wird. Wiederhole die Übung so oft, wie es in den Trainings-Tabellen gefordert ist. Finde ein Band, das gut für dich ist.

Ein vollständiger Aufschlag erfordert von dir, dass du so viele Aufschläge übst, wie es in der Trainings-Tabelle verlangt wird. Versuch mit all deinen Muskeln, die du zuvor in den 5 Übungen dieses Trainingsprogramms trainiert hast, dich zu strecken und zu drücken. In anderen Worten: Stell sicher, dass du springst, dich drehst, beschleunigst, schwingst und dich zum Ball streckst bei jedem Aufschlag. Dein Ziel sollte es sein, alle Teile deines Aufschlags einzeln zu üben und sie dann in der 6. Übung zusammenzubringen zu einem starken und schnellen Aufschlag.

Alle 6 Übungen müssen in derselben Reihenfolge durchgeführt werden und mit so vielen Wiederholungen, wie sie in den Trainings-Tabellen gefordert werden. Ändere oder wechsele nicht die Reihenfolge, die Anzahl, die Technik oder die Position, in der du diese Übungen durchführen sollst. Dies könnte die Ergebnisse negativ beeinflussen.

Härtere Aufschläge Beim Einzel Und Doppel

Härtere Aufschläge Beim Einzel Und Doppel

TEIL 2: *WIE MAN DIE TABELLEN INTERPRETIERT*

Geh jede Tabelle durch und entscheide zwei Dinge:

Auf welchem Trainingslevel befindest du dich? Unter dem Wettbewerbs-Level versteht man die Zeit, in der du dich mitten in einem Wettbewerb befindest. Vor-Wettbewerb-Status meint die Zeit, in der du noch Monate entfernt von einem Wettbewerb bist. Außerhalb der Saison ist der dritte Status und bedeutet, dass du nicht an einem Wettbewerb teilnimmst und dich auch nicht im Vor-Wettbewerbs-Status befindest. Jede Tabelle entspricht einem bestimmten Wettbewerbs-Status. Stell daher sicher, dass du entscheidest, wo du stehst, da der Schwierigkeitsgrad sich bei jeder Tabelle drastisch verändert.

Auf welchem Niveau spielst du Tennis? Anfänger, fortgeschrittener Anfänger oder Fortgeschrittener. Jedes Niveau hat unterschiedliche Schwierigkeiten und Anzahl an Wiederholungen bei jeder Übung. Wenn du ein Level zu schwierig findest, kannst du jeder Zeit ein Level zurückgehen und dich mit zunehmender Fähigkeit und Stärke verbessern.

Wenn du dir erst einmal bei diesen beiden Dingen sicher bist, geh zu den Zeilen und Spalten der Tabelle, die am besten beschreibt, wo du dich befindest. Beginne dann das Training.

WÄRME DICH IMMER AUF, BEVOR DU MIT DEN AUFSCHLAGÜBUNGEN BEGINNST!

TABELLEN ZU DEN AUFSHLAGS-ÜBUNGEN

WORKOUT-TRAININGSPLAN FÜR HÄRTERE AUFSCHLÄGE

Härtere Aufschläge Beim Einzel Und Doppel

Workout training Chart

MONTH 1

3 SERIES EACH

	MONDAY Serve Harder Training			TUESDAY Serve Harder Training			WEDNESDAY Serve Harder Training			THURSDAY Serve Harder Training			FRIDAY Serve Harder Training			SATURDAY Serve Harder Training			SUNDAY Serve Harder Training		
	Repetitions			Repetitions			Repetitions			Repetitions			Repetitions			Repetitions			Repetitions		
	Beg	Interm	Adv	Beg	Interm	Adv	Beg	Interm	Adv	Beg	Interm	Adv	Beg	Interm	Adv	Beg	Interm	Adv	Beg	Interm	Adv
Ball Throws	10	12	15	10	12	15	10	12	15	REST			10	12	15	10	12	15	10	12	15
Accelerations	10	12	15	10	12	15	10	12	15				10	12	15	10	12	15	10	12	15
Squat Jumps	10	15	18	10	15	18	10	15	18				10	15	18	10	15	18	10	15	18
Medicine Ball Slams	8	10	12	8	10	12	8	10	12				8	10	12	8	10	12	8	10	12
Band Triangle	10	15	20	10	15	20	10	15	20				10	15	20	10	15	20	10	15	20
Complete Serves																30	50	80	ONLY 1 SERIES		

MONTH 2

3 SERIES EACH

	MONDAY			TUESDAY			WEDNESDAY			THURSDAY			FRIDAY			SATURDAY			SUNDAY		
	Beg	Interm	Adv	Beg	Interm	Adv	Beg	Interm	Adv	Beg	Interm	Adv	Beg	Interm	Adv	Beg	Interm	Adv	Beg	Interm	Adv
Ball Throws	12	15	20	12	15	20	12	15	20	REST			12	15	20	TOURNAMENT OR REST			TOURNAMENT OR SERVES		
Accelerations	15	20	25	15	20	25	15	20	25				15	20	25						
Squat Jumps	15	20	25	15	20	25	15	20	25				15	20	25						
Medicine Ball Slams	10	12	15	10	12	15	10	12	15				10	12	15						
Band Triangle	15	20	30	15	20	30	15	20	30				15	20	30						
Complete Serves																40	70	110	ONLY 1 SERIES		

YOU SHOULD BE SERVING AT LEAST 10 MPH FASTER. IF YOU WANT TO REACH PAST 10 MPH COMPLETE MONTH 3.

MONTH 3

Pre-Competition

3 SERIES EACH

	MONDAY			TUESDAY			WEDNESDAY			THURSDAY			FRIDAY			SATURDAY			SUNDAY		
	Beg	Interm	Adv	Beg	Interm	Adv	Beg	Interm	Adv	Beg	Interm	Adv	Beg	Interm	Adv	Beg	Interm	Adv	Beg	Interm	Adv
Ball Throws	15	20	25	15	20	25	15	20	25	15	20	25	15	20	25	TOURNAMENT OR REST			TOURNAMENT OR SERVES		
Accelerations	20	25	30	20	25	30	20	25	30	20	25	30	20	25	30						
Squat Jumps	15	20	30	15	20	30	REST			15	20	30	15	20	30						
Medicine Ball Slams	20	25	30	20	25	30				20	25	30	20	25	30						
Band Triangle	12	15	20	12	15	20				12	15	20	12	15	20						
Complete Serves	20	25	40	20	25	40				20	25	40	20	25	40				60	90	150

Tournament

Plan a tournament around this week as you should be performing at your best

YOU WILL BE SERVING HARDER THAN EVER BEFORE! MAKE SURE TO WARM UP BEFORE AND STRETCH AFTER TRAINING TO PREVENT INJURIES.

CONGRATS YOU SHOULD BE PAST 20 MPH FROM YOUR ORIGINAL SERVICE SPEED!

Härtere Aufschläge Beim Einzel Und Doppel

Workout training Chart — During Off Season

YOU WILL BE SERVING HARDER THAN EVER BEFORE! MAKE SURE TO WARM UP BEFORE AND STRETCH AFTER TRAINING TO PREVENT INJURIES.

YOU SHOULD BE SERVING AT LEAST 10 MPH FASTER. IF YOU WANT TO REACH PAST 10 MPH COMPLETE MONTH 3.

CONGRATS YOU SHOULD BE PAST 20 MPH FROM YOUR ORIGINAL SERVICE SPEED!

Plan a tournament around this week as you should be performing at your best. — Tournament

MONTH 1

3 SERIES EACH

Serve Harder Training	MONDAY Reps			TUESDAY Reps			WEDNESDAY Reps			THURSDAY Reps			FRIDAY Reps			SATURDAY Reps			SUNDAY Reps		
	Beg	Interm	Adv	Beg	Interm	Adv	Beg	Interm	Adv	Beg	Interm	Adv	Beg	Interm	Adv	Beg	Interm	Adv	Beg	Interm	Adv
Ball Throws	10	12	15	12	15	20	12	15	20	12	15	20	10	12	15	TOURNAMENT OR REST			ONLY 1 SERIES		
Accelerations	12	15	18	15	20	25	15	20	25	15	20	25	12	15	18						
Squat Jumps	10	15	20	REST			15	20	25	15	20	25	REST								
Medicine Ball Slams	10	15	18	15	20	25	REST			15	20	25	10	15	20						
Band Triangle	10	12	15	12	15	20	10	12	15	10	15	20	10	12	15						
Complete Serves	20	30	40	25	35	45	20	30	40	20	30	40	20	30	40	30	50	80	60	90	150

MONTH 2

3 SERIES EACH

Serve Harder Training	MONDAY Reps			TUESDAY Reps			WEDNESDAY Reps			THURSDAY Reps			FRIDAY Reps			SATURDAY Reps			SUNDAY Reps		
	Beg	Interm	Adv	Beg	Interm	Adv	Beg	Interm	Adv	Beg	Interm	Adv	Beg	Interm	Adv	Beg	Interm	Adv	Beg	Interm	Adv
Ball Throws	12	15	18	12	15	20	12	15	20	12	15	20	10	12	15	TOURNAMENT OR REST			ONLY 1 SERIES		
Accelerations	15	18	20	15	20	25	15	20	25	15	20	25	12	15	18						
Squat Jumps	REST			15	20	25	15	20	25	REST			15	20	25						
Medicine Ball Slams	10	15	18	15	20	25	15	20	25	15	20	25	REST								
Band Triangle	10	12	15	12	15	20	12	15	20	12	15	20	12	15	18						
Complete Serves	20	30	40	25	35	45	20	30	40	20	30	40	25	35	50	40	70	110	50	80	130

MONTH 3

3 SERIES EACH

Serve Harder Training	MONDAY Reps			TUESDAY Reps			WEDNESDAY Reps			THURSDAY Reps			FRIDAY Reps			SATURDAY Reps			SUNDAY Reps		
	Beg	Interm	Adv	Beg	Interm	Adv	Beg	Interm	Adv	Beg	Interm	Adv	Beg	Interm	Adv	Beg	Interm	Adv	Beg	Interm	Adv
Ball Throws	13	16	21	13	16	21	13	16	21	13	16	21	13	16	21	TOURNAMENT OR REST			TOURNAMENT OR SERVES		
Accelerations	20	25	30	20	25	30	20	25	30	20	25	30	20	25	30						
Squat Jumps	20	25	35	REST			20	25	35	REST			20	25	35						
Medicine Ball Slams	10	15	25	20	25	30	20	25	30	20	25	30	20	25	30						
Band Triangle	15	18	25	15	18	25	15	18	25	15	18	25	15	18	25						
Complete Serves	35	45	60	35	45	60	35	45	60	35	45	60	35	45	60	60	90	150			

Härtere Aufschläge Beim Einzel Und Doppel

Workout training Chart — During Competition

3 SERIES EACH: Ball Throws, Accelerations, Squat Jumps, Medicine Ball Slams, Band Triangle, Complete Serves

MONTH 1

	MONDAY			TUESDAY			WEDNESDAY			THURSDAY			FRIDAY			SATURDAY			SUNDAY		
Serve Harder Training	Beg	Interm	Adv	Beg	Interm	Adv	Beg	Interm	Adv	Beg	Interm	Adv	Beg	Interm	Adv	Beg	Interm	Adv	Beg	Interm	Adv
Repetitions																					
Ball Throws	6	8	10	8	10	12	6	8	10	6	8	10	6	8	10	TOURNAMENT OR			TOURNAMENT OR		
Accelerations	10	10	10	10	12	14	10	10	10	10	12	14	10	10	10	SERVES			SERVES		
Squat Jumps	5	7	10	8	10	13	5	7	10	8	10	13	5	7	10						
Medicine Ball Slams	5	8	10	REST			5	8	10	REST			5	8	10						
Band Triangle	10	10	10	10	14	14	10	10	10	10	14	14	10	10	10						
Complete Serves	10	15	20	10	15	20	10	15	20	10	15	20	10	15	20						

MONTH 2

	MONDAY			TUESDAY			WEDNESDAY			THURSDAY			FRIDAY			SATURDAY			SUNDAY		
Serve Harder Training	Beg	Interm	Adv	Beg	Interm	Adv	Beg	Interm	Adv	Beg	Interm	Adv	Beg	Interm	Adv	Beg	Interm	Adv	Beg	Interm	Adv
Repetitions																					
Ball Throws	8	10	12	10	12	12	8	10	12	10	12	12	8	10	12	TOURNAMENT OR			TOURNAMENT OR		
Accelerations	12	12	12	12	12	12	12	12	12	12	12	12	12	12	12	REST			SERVES		
Squat Jumps	7	9	12	8	9	12	7	9	12	8	9	12	7	9	12						
Medicine Ball Slams	6	8	12	REST			6	8	12	REST			6	8	12						
Band Triangle	12	12	12	12	12	12	12	12	12	12	12	12	12	12	12						
Complete Serves	10	15	20	10	15	20	10	15	20	10	15	20	10	15	20						

YOU SHOULD BE SERVING AT LEAST 10 MPH FASTER. IF YOU WANT TO REACH PAST 10 TO 20 MPH COMPLETE MONTH 3.

MONTH 3 — Tournament

	MONDAY			TUESDAY			WEDNESDAY			THURSDAY			FRIDAY			SATURDAY			SUNDAY		
Serve Harder Training	Beg	Interm	Adv	Beg	Interm	Adv	Beg	Interm	Adv	Beg	Interm	Adv	Beg	Interm	Adv	Beg	Interm	Adv	Beg	Interm	Adv
Repetitions																					
Ball Throws	10	12	14	10	12	14	8	10	14	10	12	14	8	10	14	TOURNAMENT OR			TOURNAMENT OR		
Accelerations	14	14	14	14	14	14	10	13	14	14	14	14	10	13	14	SERVES			SERVES		
Squat Jumps	8	10	13	8	10	13	REST			8	10	13	REST								
Medicine Ball Slams	8	10	14	8	10	14				8	10	14									
Band Triangle	14	14	14	14	14	14				14	14	14									
Complete Serves	10	15	20	10	15	20	10	15	20	10	15	20	10	15	20						

Plan a tournament around this week as you should be performing at your best.

YOU WILL BE SERVING HARDER THAN EVER BEFORE! MAKE SURE TO WARM UP BEFORE AND STRETCH AFTER TRAINING TO PREVENT INJURIES. CONGRATS YOU SHOULD BE PAST 20 MPH FROM YOUR ORIGINAL SERVICE SPEED!

DIE 3 LEVEL DES AUFSCHLAG-TRAININGS

WÄHREND DES WETTBEWERBS

Dies bedeutet, dass du gegen andere Tennisspieler antrittst und während des Wettbewerbs zusätzlich zu diesem Programm weitere Aufschläge übst.

AUSSERHALB DER SAISON

Das ist der Level, in dem du keine Wettbewerbe bestreitest und so hart wie du willst arbeiten kannst ihn ohne Spielergebnisse zu opfern.

IM VORFELD EINES WETTBEWERBS

Das ist der Level, in dem du dich auf einen Wettbewerb vorbereitest, für den du in Topform sein musst. Das besagte Event kann 1, 2 oder 3 Monate entfernt sein.

Das sind die 6 Übungen, die du während des Trainings machen wirst. Du musst je 3 Durchläufe von jedem durchführen.

Härtere Aufschläge Beim Einzel Und Doppel

MONDAY Serve Harder Training		
Repetitions		
Beg.	Interm.	Adv.
6	8	10
10	10	10
5	7	10
5	8	10
10	10	10
10	15	20

MONDAY Serve Harder Training		
Repetitions		
Beg.	Interm.	Adv.
	REST	

Das ist die Beschreibung einer Trainings-Einheit für einen Montag einer beliebigen Woche und der darauffolgenden Woche. Der erste Montag ist unterteilt in Anfänger, fortgeschrittene Anfänger und Fortgeschrittene. Darunter siehst du, wie viele Wiederholungen du abhängig von deinem Level machen sollst. Der darauffolgende Montag ist ein Ruhetag, an dem du keine Aufschlagübungen ausführen wirst.

SUNDAY		
Serve Harder Training		
Repetitions		
Beg.	Interm.	Adv.
TOURNAMENT OR SERVES		
ONLY 1 SERIES		
30	50	80

Das ist ein Beispiel für einen Wochenendtag, wenn du bald ein Turnier hast. In diesem Fall würdest du keine Aufschläge üben. Wenn du allerdings keinen Wettbewerb an diesem Tag hast, mach nur einen Durchlauf an Aufschlägen, welcher sich an deinem Spiellevel orientiert.

Härtere Aufschläge Beim Einzel Und Doppel

MONTH 1 THURSDAY		
Serve Harder Training		
Repetitions		
Beg.	Interm.	Adv.
REST		

MONTH 2 THURSDAY		
Serve Harder Training		
Repetitions		
Beg.	Interm.	Adv.
8	10	12
12	12	12
7	9	12
6	8	12
12	12	12
10	15	20

Dieser Teil der Tabelle zeigt Monat 1 und Monat 2. Stell sicher, dass du keine Monate überspringst und folge der Tabelle, wie es in der Anleitung steht.

Härtere Aufschläge Beim Einzel Und Doppel

3 SERIES EACH	MONDAY			TUESDAY			WEDNESDAY			MONTH 1 THURSDAY			FRIDAY			SATURDAY			SUNDAY		
	Serve Harder Training			Serve Harder Training			Serve Harder Training			Serve Harder Training			Serve Harder Training			Serve Harder Training			Serve Harder Training		
	Repetitions			Repetitions			Repetitions			Repetitions			Repetitions			Repetitions			Repetitions		
	Beg.	Interm.	Adv.	Beg.	Interm.	Adv.	Beg.	Interm.	Adv.	Beg.	Interm.	Adv.	Beg.	Interm.	Adv.	Beg.	Interm.	Adv.	Beg.	Interm.	Adv.
Ball Throws	6	8	10				6	8	10				6	8	10						
Accelerations	10	10	10				10	10	10				10	10	10	TOURNAMENT OR			TOURNAMENT OR		
Squat Jumps	5	7	10	REST			5	7	10	REST			5	7	10	REST			SERVES		
Medicine Ball Slams	5	8	10				5	8	10				5	8	10						
Band Triangle	10	10	10				10	10	10				10	10	10						
Complete Serves	10	15	20				10	15	20				10	15	20						

Dieser Ausschnitt aus einer der Tabellen zeigt dir den Trainingsplan einer ganzen Woche inklusive der Ruhetage. An Ruhetagen solltest du deine Schulter schonen, so dass du am folgenden Tag damit fortfahren kannst, hart zu arbeiten.

TEIL 3: *SECHS TIPPS FÜR EINEN SCHNELLEREN AUFSCHLAG*

TIPP # 1

SCHLAG DEN BALL NOCH VOR DER GRUNDLINIE

Kein Aufschlag wird jemals Maximalgeschwindigkeit erreichen, wenn du den Ball hinter die schlägst. Selbst wenn du dich sicher damit fühlst die Dinge falsch zu machen, ist es immer noch der falsche Weg und muss korrigiert werden. Alte Routinen müssen ersetzt werden durch neuere und bessere Routinen. Dadurch wirst du dein volles Potential ausschöpfen. Nachdem du einen Aufschlag gemacht hast, sollte dein ganzer Körper hinter der Grundlinie landen, was nur bedeuten kann, dass du den Ball vor dir aufgeschlagen hast. Dadurch dass du deinen Körper beim Aufschlag nach vorne bewegst, wirst du nicht nur Verletzungen vermeiden, sondern auch mehr Kraft erzeugen als wenn du nur die Arme gebrauchst. Die meisten Verletzungen beim Aufschlag passieren aufgrund eines schlechten Wurfs und dieser geschieht meistens hinter dem idealen Punkt für einen Ballkontakt.

TIPP #2

EINWÄRTSDREHUNG DER FAUST

Die meisten Menschen bemerken nie das wichtigste Element für einen schnellen Aufschlag. Es gibt zwei Stadien, die der Ball nach deinem Aufschlag durchläuft: das erste nach dem Schlag, wenn der Ball nach dem Kontakt mit Anfangsgeschwindigkeit in die Luft geht, und das zweite betrifft die Geschwindigkeit, mit der der Ball nach einem Aufschlag auf dem Boden die Seite deines Gegners erreicht. Eines von zwei Dingen kann dann passieren: entweder dein Aufschlag kommt auf dem Boden auf und verliert dadurch an Geschwindigkeit oder der Ball schlägt auf den Boden auf und behält die Geschwindigkeit bei bzw. vergrößert sie noch. Wie ist das möglich? Hier kommt die Einwärtsdrehung deiner Faust ins Spiel. Wenn du deine Faust beim Schlag auf den Ball schließt, streckst du deine Faust nach unten und nach links, so dass dein Schläger senkrecht zum Feld steht (dein rechter Daumen zeigt nach unten auf den Boden, wenn du ein Rechtshänder bist) anstatt dass er parallel zum Boden ausgerichtet ist und sich dein Arm anschließend zu deiner gegenüberliegenden Hüfte bewegt. Du kannst dir als Bonus dafür, dass du dieses Buch gekauft hast, einige unserer Lehrvideos zur Aufschlagtechnik kostenlos.

TIPP #3

VERBINDE DEINE FÜßE MIT DEINEN HÄNDEN

Um eine eindrucksvolle Kraft zu erzeigen musst du deinen ganzen Körper einsetzen. Beginn dabei mit deinen Füßen. Übe einen stärkeren Sprung ein, der mit deinen Beinen beginnt. Experimentiere mit verschiedenen Sprungtechniken, entweder mit deinen Füßen zusammen, auseinander oder im Moment des Sprungs zusammen kommend. Sehe, welche Technik die dazu verhilft, dich am besten vom Boden abzudrücken. Diejenige, die dir den höchsten Sprung einbringt oder mit deren Hilfe du dich am stärksten abdrücken kannst, wird die Sprungtechnik sein, die dir erlaubt, deine Handgeschwindigkeit zu beschleunigen. Denn jeder Aufschlag ist eine Kettenreaktion, die einen Anfang und ein Ende hat. Alles beginnt mit deinen Beinen.

TIPP #4

BIOMECHANIK

Biomechanische Aufschläge sind die Basis für gute Aufschläge. Das bedeutet einfach nur, dass dein Körper mit jedem anderen Teil verbunden ist um eine geschmeidige und mühelose Aufschlagbewegung zu erzeugen. Eine gute Technik bei deinen Aufschlägen zu haben ist der einzige Weg, auf dem du Aufschlaggeschwindigkeiten von über 160 km/h erzielst. Stell sicher, dass du einen guten Trainer hast, der alles mit dir bespricht. Dieses Trainingsprogramm beinhaltet ein Einzel-coaching. Stell daher Fragen und mach das Beste daraus.

TIPP #5

HALTE DEIN KOPF UND DEIN KINN OBEN

Indem du deinen Kopf und dein Kinn beim Aufschlag nach oben reckst, führst du zwei wichtige Dinge aus: zum einen erlaubst du dir selbst einen längeren Blick auf den Ball, was dir dazu verhilft, den Ball besser zu schlagen, was wiederum zu einem schnelleren Aufschlag beiträgt. Zum anderen wird es dir helfen, deinen linken Arm oben zu behalten, so dass du ihn dazu nutzen kannst, ihn im richtigen Moment nach unten zu ziehen und dadurch eine Körperdrehung zu erzeugen. Eine gute Form ist Voraussetzung. Stell sicher, dass du dich dazu ermahnst, deinen Kopf oben zu halten, indem du deinen linken Arm so lange wie möglich nach oben streckst (wenn du Rechtshänder bist und das Gegenteil, wenn du Linkshänder bist) um eine gute Körperhaltung zu erreichen.

TIPP #6

SCHLAG DEN BALL MIT DEN OBERSTEN SAITEN

Die meisten Menschen sehen nie, wo sie den Ball mit den Saiten ihres Schlägers treffen. Damit verpassen sie die Chance, die Geschwindigkeit ihrer Aufschläge zu erhöhen. Du solltest immer bestrebt sein den Ball mit den obersten Saiten zu treffen um die größte Hebelwirkung bei deinem Schwung zu erzeugen. Ein Kontakt mit den unteren Saiten wird niemals so eine große Beschleunigung bewirken wie ein Ball, der mit dem oberen Teil des Schlägers gespielt wurde. Schau nach, wo die meisten Haare des Tennisballs an deinem Schläger hängen bleiben, und arbeite daran den idealen Punkt für den Ballkontakt zu finden. Arbeite so lange, bis du die Stelle gefunden hast. Mach außerdem eine größere Kreisbewegung bei deinem Schwung, indem du den Arm ausstreckst. Das ist ebenfalls Teil des Konzepts einer besseren Hebelwirkung. Stell also sicher, dass du den Ball nicht eng anliegenden oder komplett geraden Ellbogen spielst. Bleib entspannt und schwing den Ball. Die Hebelwirkung als Werkzeug zu benutzen um Geschwindigkeit zu erzeugen, erlaubt es dir, schnellere Ergebnisse zu erzielen.

12 weitere Tennis-Tipps um dein Spiel zu verbessern

Tipp #1: Wirf den Ball bei deinem Aufschlag höher

Die meisten Menschen machen ihren Schlagarm für ihre Fehler verantwortlich, aber ein Großteil der Zeit hat es nichts zu tun mit ihrem Schlagarm. Es ist nur der Wurfarm.

Die Schlüsselelemente für einen guten Wurf sind:

- Entspann deinen Wurfarm und stell sicher, dass du den Ball sanft hältst. Du solltest den Ball mit deinen Fingerspitzen halten und nicht mit deinem Handfläche.
- Arbeite daran, den Ball in der Luft zu platzieren anstatt ihn in die Luft zu werfen. Das wird deinen Wurf präziser und konsistenter werden lassen.
- Die beste Stelle einen Ball zu werfen, wenn du in Richtung des Feldes stehst und einen Slice oder eine flachen Aufschlag spielst, ist immer ungefähr 30 Zentimeter vor deiner rechten Schulter. Wenn du einen Kick-Aufschlag ausführst, solltest du den Ball hinter

deinem Kopf oder oberhalb deines Kopfes werden, je nachdem welchen Bogen du mit deinem Rücken erzeugst.

Du solltest deinen Wurf mindestens 30 Mal üben, bevor du tatsächlich einen Ball spielst. Und auch mindestens 3 Mal pro Woche.

Wenn dein Wurf sehr schlecht ist, wirst du niemals einen guten Aufschlag machen. Beginn daher damit deinen Würf mehr Aufmerksamkeit zu schenken, wenn du deinen Aufschlag verbessern willst.

Tipp #2: Der "Split Schritt" vor jedem Ball

Einige Menschen denken, dass ihre Langsamkeit mehr Sprints erfordert oder 8 Kilometer Läufe, aber sie wissen nicht, dass es mehr damit zu tun hat, gerissener statt härter zu trainieren.

Der "Split Schritt" ist nicht mehr als ein Sprung mit beiden Füßen, der dir hilft, dich auf den Schlag deines Gegners vorzubereiten. Stell sicher, dass die Sprünge nur eine schulterbreit lang sind, um dir zu helfen, niedrig zu bleiben.

Der "Split Schritt" kann mit einem niedrigen und schneller Sprung oder einen hohen und langsamen Sprung ausgeführt werden. Das hängt von der Schnelle des Ballwechsels ab. Halte ihn schnell und kurz bei schnellen Ballwechseln. Langsam und hoch bei hohen, aufschlagenden Topspins und langen, langsamen Rennen.

Wann solltest du den "Split Schritt" tun?
Nun, es gibt einen präzisen Moment, wenn du den Sprung machen solltest. Du solltest einen „Split Schritt" nach rechts ausführen, wenn dein Gegner einen Ballkontakt hat, um dadurch am schnellsten in jede Richtung zu reagieren. Das wird von dir gefordert.

Wie bereitest du dich auf den "Split Schritt" vor?

Seilspringen mit beiden Füßen hilft dir, Stärke und Ausdauer aufzubauen, so dass du während des Spiels nicht müde wirst, den Sprung zu tun.

Du kannst aber auch an der Grundlinie stehen und üben, mit beiden Füßen gleichzeitig zurück und vor zu hüpfen, während du zwischen deinen Füßen einen Abstand von einer Schulterbreite einhältst.

Plyometrische oder Sprungübungen zu machen ist sehr effektiv und hilft dir auch, deinen „Split Schritt" und deine gesamte Spring-Fähigkeit zu verbessern. Das Wichtige dabei ist, die Übung auf einer weichen Unterlage zu machen und es nicht zu übertreiben oder deine Knie werden den Preis dafür zahlen.

Tipp #3: Investiere mehr Zeit für deine Ballkontakte

Jeder denkt, er würde auf den Ball schauen, und sie machen es auch, aber nicht auf die Art und Weise, wie sie es tun sollten um einen klaren Kontakt zu machen.

Nimmst du dir jemals die Zeit, um zu bemerken, dass alle Poster von Tennis-Profis diese zeigen, wie sie den Ball ansehen, wenn sie einen Ballkontakt haben?

Nun, das liegt daran, dass sie wissen, wie wichtig es für sie und ihr Spiel ist.

Das Geheimnis besteht darin, mehr Zeit dafür zu investieren das zu lernen und die Augen ab dem Zeitpunkt des Kontakts auf dem Ball zu halten und nicht zu schnell auf sein Ziel zu schauen. Wenn du einmal den Ball triffst, gibt es nichts mehr, was du tun kannst, um ihn runter auf das Feld zu lenken. Alles, was zählt, ist der Moment, in dem du den Kontakt hast.

Versuch diese Techniken, die dir helfen werden mehr Zeit auf den Ballkontakt zu investieren:

- Versuch bei einem Ballkontakt zu erkennen, welche Zahl auf dem Ball steht. Es klingt verrückt, aber denk nicht es wäre unmöglich. Du kannst genauso gut nach Markierungen auf dem Ball suchen, aber der Versuch die

Zahl, die auf dem Ball steht, zu erkennen ist eine wahre Herausforderung.

- Versuch den Schatten deines Schlägers anzusehen, wenn du ihn bei einem Ballkontakt schwingst, um zu entscheiden, ob dein Schläger im richtigen Winkel steht um den Ball in die richtige Richtung zu befördern. Einige Menschen denken, das wäre ein gerader Schläger, während andere auf eine schräge Schlägerhaltung für Topspins oder einen Slice schwören.

Wenn du deinen Schläger schwingst, werden deine Augen niemals so schnell sein das zu sehen, aber du kannst den Schatten oder die Silhouette sehen, den er macht, wenn du ihn schwingst. Das ist es, auf was du dich konzentrieren willst und was dir hilft, dich auf den Ballkontakt zu konzentrieren.

- Eine schwere, aber lustige Übung ist es jemanden zu haben, der die einige Bälle zuspielt, während du den Ball schlägst, aber dir ist es nicht erlaubt zu sehen, wohin der Ball fliegt. Du kannst dich nur darauf konzentrieren, wo du den Ball triffst. Unteres Ende, oberes Ende, Seite oder Mitte ist das einzige, was du sagen kannst, jedes Mal wenn du den Ball triffst. Am Anfang wird es sehr schwierig sein der Versuchung zu widerstehen nachzuschauen, wo der Ball landet und ob er innerhalb oder außerhalb landet, aber mit einiger Übung wird es leichter und leichter.

Tipp #4: Sei bei allen deinen Grundschlägen konsequent

Unter Druck verkürzen wir alle unseren Schwung und denken, dass uns das helfen wird, den Ball öfter innerhalb der Linie zu halten. Genau das Gegenteil stimmt jedoch.

Konsequent zu sein ist notwendig, um deinen Tennisschlag durchzuführen. Einen Halbschwung auszuführen wird dir nur einen halb so guten Schlag liefern.

Wichtiger noch, den falschen Schwung zu wiederholen (nicht konsequent zu sein) wird dich nur dazu ermutigen, dasselbe in einer Spielsituation oder unter Druck wieder zu tun.

Die meisten Menschen folgen einem ähnlichem Muster und verkürzen ihren Schwung mehr und mehr mit zunehmendem Stresslevel. Um das zu ändern musst du dir ein Verhalten aneignen, welches dich bei all deinen Grundschlägen und Aufschlägen konsequent sein lässt.

Eine gute Übung, die du machen kannst, damit du konsequenter wirst, ist, dir ein „X" auf beide Ellbogen zu malen und dann einige Bälle zu schlagen. Dein Trainingspartner oder Coach sollte in der Lage sein dein

„X" zu sehen jedes Mal, wenn du deinen Schwung beendest. Dadurch zeigst du, dass du bei deinen Schlägen konsequent geblieben bist. Das ist eine gute Übung für Spieler, die ihre Fähigkeit verbessern wollen, unter Druck konsequent zu bleiben.

Tipp #5: Arbeite an der Konsistenz deiner Aufschläge um öfter zu gewinnen

Ein Ass zu spielen und dann einen Doppelfehler lässt dich dort wieder beginne, wo du angefangen hast. Zurück zum Anfang und das ist nicht das Ziel.

Das Geheimnis um die Konsistenz deiner Aufschläge zu verbessern liegt darin, mit geringer Geschwindigkeit zu beginnen und dir Schritt für Schritt einen Weg zu schnelleren Geschwindigkeiten zu bahnen, damit du mehr und mehr konsistenter wirst.

In der Lage zu sein, die Anzahl deiner Doppelfehler, die du in einem Spiel begehst, zu verringern, kann einen gewichtigen Einfluss auf dein Spielergebnis nehmen. Ein oder zwei zusätzliche Spiele zu gewinnen versus diese in der Gestalt eines Doppelfehlers zu verlieren kann bedeuten mehr Spiele zu gewinnen.

Die Basis-Elemente, um die Konsistenz deiner Aufschläge zu verbessern, sind:

- Füg deinen Aufschlägen mehr Spin hinzu um mehr Kontrolle und die richtige Richtung zu erhalten.

- Wiederhole dieselbe Bewegung immer und immer wieder. Versuch nicht den Ball härter und härter zu schlagen und versuch nicht deine Aufschläge so oft zu wechseln, dass du keinen flachen Aufschlag oder einen mit Slice mehr rein bekommst, weil du sie zu oft variierst

- Hetz dich nicht. Lass den Ball öfter auf den Boden aufspringen und atme tief ein, bevor du aufschlägst, um dich zu beruhigen. Ein Aufschlag ist kein Rennen. Es geht darum ihn so oft wie möglich herein zubekommen!

Tipp #6: Spiel mehr Aufschläge durch eine bessere Beinarbeit zurück

Deine Füße sind mit deinen Händen und deinem Gehirn verbunden. Je besser deine Beinarbeit ist, desto besser werden deine Hände und dein Gehirn reagieren.

Wenn du beim Return auf der Grundlinie stehst ist es wie beim Starten eines Motors. Der Motor muss aufgewärmt werden, bevor er seine maximale Kapazität erreicht. Die beste Art und Weise deinen Körper auf einen Return vorzubereiten ist durch die Bewegung deiner Füße. Hüpfen, Springen, der Wechsel zwischen Hochsprung und Seilspringen sind alles gute Ausgangspunkte.

Das schlimmste, was du bei einem Return tun kannst, ist flach auf deinen Füßen zu stehen. Stell daher sicher, dass du auf deinen Zehen oder zumindest auf dem vorderen Bereich deiner Füße stehst.

Beweg dich bei deinem Return nach vorn, als ob du deinen Körper in eine bewegliche Wand verwandeln würdest, auf die der Ball prallt, wenn du den Ball schlägst.

„Split Schritt" und vor einem Return umher zu gehen ist das Beste, was du tun kannst und wird die mit Sicherheit helfen, mehr Aufschläge zurückzuspielen, egal wie hart oder mit wie viel Spin sie ankommen werden.

Tipp #7: Wärm dich vor Spielbeginn gut auf um erfolgreich zu beginnen

Einen guten Start ins Spiel zu finden macht einen riesigen Unterschied auf und wirkt sich vor allem in deine ersten Satz-Ergebnissen aus.

Die meisten Menschen haben ein sehr leichtes Aufwärmprogramm, das beinhaltet: dehnen, den Wettbewerbsdirektor und den Schiedsrichter empfangen, Freunde grüßen und auf den Platz gehen um ihr Spiel zu beginnen.

Das richtige Aufwärmprogramm vor einem Spielbeginn wäre jedoch:

- Mach dynamische Dehnübungen um deinen ganzen Körper in ungefähr 15 Minuten startklar zu machen (oder länger, wenn du denkst, du benötigst mehr Zeit).

- Lauf einige Male in alle Richtungen um den Platz: vorwärts, seitwärts und rückwärts um deine Beine und Füße zu lockern.

- Hab einen leichten Schlagaustausch mit jemanden, den du magst. Stell sicher, alle Schläge zu üben, von denen du denkst, dass du sie gegen deinen Gegner brauchen könntest. Basis-Schläge, die du immer machen solltest, sind: Vorhandschläge, Rückhandschläge, Volleys, Overheads und Aufschläge. Fortgeschrittene Schläge, die du einüben solltest und die du eventuell gebrauchen könntest, sind: gewinkelte Vorhand- und Rückhandschläge, Dropshots, Slice, Topsspins, Lupfer usw.

- Wärm dich kurz mit Bändern auf, wenn Bänder Teil deines Aufwärmprogramms sind. Wenn du aber nie Bände verwendet hast, dann beginn nicht vor deinem Spiel damit.

- Schau in deiner Tasche nach um sicherzustellen, dass du etwas zum trinken, zusätzliche Fußschlaufen, ein Handtuch, ein Ersatz-Shirt, ein zusätzliches Paar Socken, einen Müsliriegel usw. hast.

Tipp #8: Dehn dich nach jedem Spiel um bereit für deinen nächsten Gegner zu sein

Nachdem du dein Spiel gewonnen hast, wirst du sehr wahrscheinlich dein nächstes Spiel innerhalb der nächsten 48 Stunden bestreiten, was bedeutet: je fertiger du bist, desto besser wirst du dich in den nächsten Spielen schlagen.

Mach es zu einem Teil deiner Routine – ganz egal wie der Ausgang des Spiels war – dich nach jedem Spiel zu dehnen. Manchmal wenn du gewinnst, entscheidest du dich lieber zu feiern und das Dehnen zu überspringen, weil du gewonnen hast und dich nicht dehnen musst. Ein ander Mal verlierst du und entscheidest dich nicht einmal mit Dehnübungen zu quälen, weil du das Spiel verloren hast und es keinen Unterschied macht, da du heute, morgen oder während der Woche gegen keinen weiteren Gegner mehr antreten wirst.

Der richtige Weg, um dieses Verhalten zu unterbinden, liegt darin zu verstehen, dass es ständige Verbesserung erfordert um besser zu werden. Diese stellt sich nicht nach einem Tag oder einer Woche ein. Es braucht Zeit bis sich dein Spiel langsam entwickelt und um das zu erreichen, stell sicher, dass alle Puzzleteile so oft wie möglich ineinandergreifen. Eines der wichtigsten

Puzzleteile ist deine Gesamtbeweglichkeit, welche beinhaltet agiler und flexibler zu werden. Die beste Zeit sich zu dehnen ist, wenn du warm bist und bereits schwitzt. Darum solltest du das am besten nach deinen Spielen tun.

Tipp #9: Arbeite an jedem Ball des Spiels, insbesondere an den ersten Bällen eines jeden Spiels

Hast du dich jemals gefragt, was der wichtigste Ball eines Spiels ist? Nun, es ist jeder Ball, weil alle dasselbe wert sind. Du musst nur genug von ihnen sammeln um das Spiel zu gewinnen.

Einige Bälle zählen mehr als andere wegen des Punktestands oder dem Moment, in dem sie geschlagen wurden.

Um einen guten Einstieg in die meisten Tennisspiele zu bekommen, mach es zu deiner Priorität, extra hart an deinen ersten Bällen des Spiels zu arbeiten, um erfolgreich in einfach jedes Spiel einzusteigen.

Die Gewinnchancen werden immer zu deinen Gunsten sein, wenn du bei den ersten Bällen eines jeden Spiels beginnst zu gewinnen und insbesondere nachdem du deinen ersten Satz gewonnen hast. Es ist bekannt, dass die meisten Menschen, die den ersten Satz gewinnen, das Spiel zu 70 % gewinnen werden. Das zeigt dir die Wichtigkeit im ersten Satz zu gewinnen und dies vom ersten Ball an zu tun.

Härtere Aufschläge Beim Einzel Und Doppel

Oftmals gibt dir ein Punktestand von15-0 oder 30-0 zu deinen Gunsten eine mentalen Kick, den dein Gegner nicht verhindern kann und er oder sie wird oftmals aufgeben und denken er oder sie liegt weit hinter dir zurück. Das spielgelt sich viele Male in vermeidbaren Fehlern wieder oder in viel zu aggressiven Bällen.

Arbeite an jedem Ball des Spiels und erkenn, welche Wunder es für dein Spiel vollbringt und wie du selbst dich überraschen wirst mit Gewinne, die du nicht erwartet hattest.

Tipp #10: Beende deine Spiele entscheidend, bevor es zu spät ist

Hast du Probleme mit dem Gewinnen? Nun, es könnte daran liegen, dass du die notwendigsten Dinge nicht tun kannst, die dich ein Tennisspiel gewinnen lassen. Schließ es ab!

Das Schwierigste an einem Tennisspiel ist oftmals es abzuschließen. Wenn du ein Spiel nicht abschließen kannst, wirst du niemals irgendwelche Spiele oder Turniere gewinnen. Die Wahrheit ist, du lernst sehr viel von deinen Niederlagen, aber du lernst das Spiel durch deine gewonnenen Turniere zu genießen.

Zu gewinnen und ein Spiel abzuschließen ist wichtig. Lass uns daher einige wichtige Dinge durchgehen, die du tun solltest, wenn du die Chance dazu hast, ein Spiel abzuschließen.

Finde zuerst heraus, was du getan hast um Punkte in einem Spiel zu gewinnen, da du sehr wahrscheinlich eine höhere Chance hast einen Matchball zu gewinnen, wenn du haargenau dasselbe tust, wie das, was dich bis hierher gebracht hat.

Zweitens: Erstarre nicht. Beweg deine Füße und deine Kopf auf und ab, egal wie müde du bist.

Drittens: Denk positiv! Wenn dein Gegner einen unmöglichen Schlag spielt und du nichts dagegen tun kannst, lass dich davon nicht stressen oder entmutigen. Wie viele unmögliche Schläge denkst du, kann er nacheinander ausführen? Nicht genug, um dich davon abzuhalten einen Matchball zu gewinnen.

Viertens: Lerne dich nicht bei deinem Matchball hetzen zu lassen. Die meisten Fehler und schlechten Entscheidungen passieren, wenn man in Eile ist. Nimm dir Zeit und erledige die Dinge in deinem eigenen Tempo, selbst wenn dein Gegner sich darüber beschwert, dass du so langsam bist.

Und zu guter Letzt: Lern den Druck auf deinen Gegner zu übertragen, indem du sie ans Netz zwingst und sie damit dazu nötigst Volleys oder einfache Pässe zu spielen. Overheads sind hoch gefürchtete Schläge, die man ebenfalls gut unter Druck abfeuern kann. Du kannst außerdem das Netz auf ihrer schwachen Seite attackieren und sie zwingen, dir den Ball zuzupassen statt ihn sicher zu spielen.

Tipp #11: Bleib positiv ganz egal wie der Spielstand ist oder die Spielsituation

Ein, zwei Punkte oder gar den gesamten Ballwechsel zu verlieren ist kein Grund um den Rest des Satzes oder des Spiels aufgrund der negativen Gedanken wegzuwerfen.

Zu oft sehe ich die jungen Spieler wichtige Bälle oder Sätze verlieren und dann den nächsten Satz aufgeben. Dieser Verlust von Temperament und Geduld muss korrigiert werden durch positives Denken und der Überzeugung, dass sie immer noch eine gute Chance haben das Spiel zu gewinnen.

Immer mehr nehmen professionelle Tennisspieler Sportpsychologen unter Vertrag, um ihnen mit ihrer mentalen Stärke zu verhelfen einfach nur, weil sie verstehen, wie wichtig dieser Aspekt ihres Spiel für sie ist. Die meiste Zeit wird professionellen Sportlern beigebracht, dass sie auch in Drucksituationen positiv denken sollen. Egal woher der Druck kommt.

Einige der besten Art und Weise positive Gedanken einzuüben sind:

- Schreib einen Aufkleber mit "Bleib positiv" oder „Gib nicht auf" oder „Kämpf weiter" und bringe in an der Innenseite deines Schlägers an, wo du ihn oft sehen kannst. Das Innere eines Herzen eines Tennisschlägers ist ein guter Ort dafür. Das erinnert dich daran, was du tun sollst.

- Behalte ein positives Bild von dir selbst. Wie du dich selbst siehst, spiegelt sich darin wieder, wie dein Gegner dich sieht und sie sollen dich so sehen: Kopf hoch, Schultern zurück, Füße bewegend, gerader Rücken usw.

- Wickel während des Seitenwechsels dein Handtuch um deinen Kopf und vergiss alles und atme tief ein. Wenn du das Handtuch abnimmst und aufstehst, spiegele das Bild eines Siegers wieder, als ob du das Spiel bereits gewonnen hättest.

Tipp #12: Benutze dein Gehirn um mehr Spiele zu gewinnen und entwickele mentale Stärke

Der wichtigste Muskel in deinem Körper ist meistens der am wenigsten gebrauchte, aber es sollte nicht so sein.

Dein Gehirn kann dein größter Verbündeter sein oder die schlimmster Feind. Das Wissen, wie du es gebrauchst, kann jedem Spieler auf jedem Level zu Gute kommen. Lern, wie du deinen Fokus, Konzentration, Ruhe, Gedankenprozess und deine positive Haltung verbesserst.

Versuch diese Techniken:
- Verwende positive Schlüsselwörter wie: du kannst es tun, jetzt ist die Gelegenheit, spiel den Aufschlag herein, lauf weiter, noch ein weiterer Ball und behalte deinen Kopf oben.
- Setz eine positive Körpersprache ein um dein Gehirn auf den Erfolg einzustimmen
- Behalte deine Gedanken und deine Augen auf dem Ball und auf dem Platz
- Arbeite an deiner Konsistenz, da es einer der besten Wege ist um deine Konzentrationskapazität und Fokus zu verbessern. Einen Ball zu gewinnen ist gut, aber ein Spiel zu gewinnen erfordert mehr als einen Punkt.

- Atme zwischen den und während der Bälle sowie bei Seitenwechseln tief ein. Halte den Atem nicht an, da dein Gehirn Sauerstoff braucht um konzentriert zu bleiben.
- Arbeite an deinem visuellen Training um dir zu helfen, deine Augen auf dem Ball zu halten.
- Übe einige Visualisierungen vor einem Spiel ein um dich darauf vorzubereiten, was du später oder an einem anderen Tag auf dem Platz tun musst. Für einige Menschen ist es unglaublich hilfreich, gib dem also eine Chance. Visualisiere in deinen Gedanken dein Spiel sowie deine Bälle und Schläge, die du tun willst, so dass dein Körper weiß, was er tun soll.

15 AUFSCHLAGÜBUNGEN IM TENNIS ZUR VERBESSERUNG VON KONSISTENZ, SPIN UND KRAFT

1. Übung für eine höhere Trefferquote beim ersten Aufschlag

Wärm dich zuerst gut auf, bevor du harte Aufschläge übst. Die ersten Aufschläge können flach und mit einem Slice oder mit einem Kick bzw. Topspin gespielt werden. Das hängt von deinem bevorzugten Spielstil ab so, dass du nicht unbedingt nur flach und hart schlagen musst. Oftmals nutzen Spieler, die auf einem Sandplatz spielen, den sogenannten "Drei Viertel Auf-schlag". Dies ist lediglich ein sehr schneller, zweiter Aufschlag, der normalerweise mit Spin gespielt wird, aber sehr risikoreich ist.

Beginne mit deinem Aufschlag auf der Einstandsseite des Feldes. Du machst einen Aufschlag und wenn der Ball in dem Aufschlagfeld landet, nennt man das einen "ersten

Aufschlag in einer Reihe". Wenn der nächste Aufschlag ebenfalls das Feld trifft, spricht man von "zwei ersten Aufschlägen in einer Reihe", wenn du aber deinen Aufschlag verfehlst, gehst du wieder zurück auf Null. Das Ziel ist es, die höchste Anzahl an aufeinanderfolgenden ersten Aufschlägen zu erreichen. Falls du bei einem Punktestand von 10 oder 15 bist und aus irgendeinem Grund verfehlst, musst du zurück auf Null gehen, weil das die Regel dieser Übung ist. Wenn du denkst, dass du die höchst mögliche Anzahl erreicht hast, wechsel auf die Vorteilsseite und mach dasselbe. Ein Seitenwechsel beim Aufschlag ist sehr wichtig, da viele Menschen besser auf einer Seite aufschlagen als auf der anderen. Du kannst das aber entscheiden, indem du sicher stellst, dass du dir selbst eine Chance gibst, auf beiden Seiten die höchst mögliche Anzahl zu erreichen.

Diese Übung wird dir helfen, die Trefferrate deiner ersten Aufschläge zu verbessern, was dir normalerweise mehr freie Punkte in einem Spiel beschert. Erinner dich daran, was deine höchste Anzahl auf jeder Seite war, so dass du zurückgehen und versuchen kannst, diese Zahl am folgenden Tag oder in der nächsten Woche zu verbessern.

2. Übung für eine höhere Trefferquote beim zweiten Aufschlag

Die Übung für eine höhere Trefferquote beim zweiten Aufschlag ist sehr einfach. Du gehst am Anfang auf die Einstandsseite des Feldes. Beginn damit, zweite Aufschläge zu üben und wenn der Aufschlag trifft, dann hast du einen "zweiten Aufschlag in einer Reihe". Wenn du zwei Aufschläge herein bekommst, "zwei zweite Aufschläge in einer Reihe". Wenn du einen Aufschlag verfehlst, musst du zurück auf Null. Dein Ziel ist es, die höchst mögliche Anzahl zu erreichen, um dein Selbstvertrauen bei Druck zu stärken und konsistenter zu werden.

Wenn du das getan hast, wechsel von der Einstandsseite auf die Vorteilsseite des Feldes und üb deine Aufschläge von dort. Das Wechseln ist wichtig, um herauszufinden, auf welcher Seite du besser aufschlägst. Die meisten Menschen haben eine stärkere oder bevorzugte Seite. Schreib deine höchste Zahl für beide Seiten auf und versuche dann dieser Zahl jedes Mal, wenn du Aufschläge übst, zu verbessern.

3. Übung zur Spielvorbereitung

Du wirst ein Spiel gegen dich selbst spielen, ohne einen Gegner auf der anderen Seite des Feldes. Beginn damit, zwei Aufschläge zu machen. Einen ersten und einen zweiten Aufschlag. Wenn du deinen ersten Aufschlag herein spielst, brauchst du keinen zweiten Aufschlag, genau wie in einem echten Spiel. Wenn du beim ersten Aufschlag triffst, erreichst du „15-0" und gehst auf die Vorteilsseite wie du es in einem echten Spiel tun würdest. Wenn du deinen ersten Aufschlag verfehlst, mach einen zweiten. Wenn der Aufschlag sitzt, zählt das als Punkt, wenn du aber verfehlst, bekommt der Gegner einen Punkt und es steht „0-15". Zähl wie bei einem normalen Spiel. Wenn du das erste Spiel beendet hast, mach mit dem zweiten weiter. Dein Ziel ist es, den Satz zu gewinnen, indem du 6 Spiele erreichst wie bei einem normalen Turnier. Wenn du 6-0 gewinnst, solltest du mit den nächsten beiden Übungen weitermachen. Wenn du aber 6-4 gewinnst oder 3-6 verlierst, solltest du mehr Zeit in diese Übung investieren, bevor du zu den nächsten beiden Übungen übergehst.

4. Übung zur Spielvorbereitung der ersten Aufschläge

Du wirst ein Spiel gegen dich selbst spielen, ohne einen Gegner auf der anderen Seite des Feldes. Beginn damit, zwei Aufschläge zu machen. Einen ersten und einen zweiten ersten Aufschlag als Ersatz für einen zweiten Aufschlag. Wenn du mit deinem ersten Aufschlag einen Treffer landest, musst du keinen zweiten Aufschlag machen, wie in einem echten Spiel. Wenn das der Fall ist, steht es „15-0" und du begibst dich auf die Vorteilsseite des Feldes, wie du es in einem echten Tennisspiel machen würdest. Wenn du deinen ersten Aufschlag verfehlst, solltest du einen zweiten spielen (welcher in dieser Übung einen zweiten ersten Aufschlag darstellt). Wenn der Aufschlag sitzt, zählt das als Punkt, wenn du aber verfehlst, bekommt der Gegner einen Punkt und es steht „0-15". Zähle wie in einem normalen Spiel. Wenn du das erste Spiel beendet hast, mach mit dem zweiten weiter. Dein Ziel ist es, den Satz zu gewinnen, indem du 6 Spiele erreichst wie bei einem normalen Turnier, aber nur indem du erste Aufschläge ausführst, selbst wenn du eigentlich einen zweiten Aufschlag machen sollst.

Diese Übung wird die Trefferquote bei deinem ersten Aufschlag unter Druck und in einem Spiel erheblich verbessern.

5. Übung zur Spielvorbereitung der zweiten Aufschläge

Du wirst ein Spiel gegen dich selbst spielen, ohne einen Gegner auf der anderen Seite des Feldes. Beginn damit, zwei Aufschläge zu machen. Einen zweiten Aufschlag (statt eines ersten Aufschlags) und einen anderen zweiten Aufschlag. Wenn du mit deinem ersten Aufschlag einen Treffer landest, musst du keinen zweiten Aufschlag machen, wie in einem echten Spiel. Wenn das der Fall ist, steht es „15-0" und du begibst dich auf die Vorteilsseite des Feldes, wie du es in einem echten Tennisspiel machen würdest. Wenn du deinen ersten Aufschlag verfehlst, solltest du einen zweiten spielen (welcher in dieser Übung einen weiteren zweiten Aufschlag darstellt). Wenn der Aufschlag sitzt, zählt das als Punkt, wenn du aber den zweiten Aufschlag verfehlst, bekommt der Gegner einen Punkt und es steht „0-15". Zähle wie in einem normalen Spiel. Wenn du das erste Spiel beendet hast, mach mit dem zweiten weiter. Dein Ziel ist es, den Satz zu gewinnen, indem du 6 Spiele erreichst wie bei einem normalen Turnier, aber nur indem du zweite Aufschläge ausführst, selbst wenn du eigentlich einen ersten Aufschlag machen sollst.

Diese Übung wird die Trefferquote bei deinem zweiten Aufschlag unter Druck und in einem Spiel erheblich verbessern.

6. Die Seite-zu-Seite-Übung

Bei dieser Übung wirst du mit einem Aufschlag auf der Einstandsseite des Feldes anfangen. Beginn mit einem weiten Aufschlag und wechsel dann, indem du deinen Aufschlag in die Mitte platzierst, was auch bekannt ist als „T Linie". Alterniere jedes Mal, wenn du den Ball schlägst, so dass du niemals auf die gleiche Seite spielst. Wenn du 30-100 Bälle auf der Einstandsseite geschlagen hast, wechsel und mach dasselbe auf der anderen Seite. Die Summe der Aufschläge, die du spielst, wird durch dein Spielniveau entschieden. Aber auch davon, wie viele Aufschläge du machen kannst, ohne dass deine Schulter schmerzt, insbesondere wenn du bereits Probleme damit in der Vergangenheit hattest.

7. Die 3-in-1 Aufschlags-Übung

Bei dieser Übung wirst du mit einem Aufschlag auf der Einstandsseite des Feldes anfangen. Du wirst in Richtung dreier geläufiger Stellen des Aufschlagfeldes spielen: weit außen, auf den Körper und in die Mitte bzw. das „T Linie". Beginn damit weit außen aufzuschlagen, dann mach einen nächsten Aufschlag in Richtung des Körpers deines Gegners und den letzten bzw. dritten Ball spiele in die Mitte oder das Zentrum des Feldes. Du wirst dieses Muster jedes Mal wiederholen, um dein Ziel zu erreichen.

Wenn du 30-100 Bälle auf der Einstandsseite geschlagen hast, wechsel und mach dasselbe auf der anderen Seite. Die Summe der Aufschläge, die du spielst, wird durch dein Spielniveau entschieden. Aber auch davon, wie viele Aufschläge du machen kannst, ohne dass deine Schulter schmerzt, insbesondere wenn du bereits Probleme damit in der Vergangenheit hattest.

8. Die Übung für einen Aufschlag nach vorn

Beginne, indem du einen Kegel 1,20 – 1,80 m von der Aufschlaglinie entfernt und vor den Punkt, von wo auch immer du aufschlagen möchtest, aufstellst. Du schlägst auf, rennst nach vorn zum Kegel, umläufst ihn entgegen dem Uhrzeigersinn und schaust dabei immer auf die gegenüber-liegende Seite des Platzes, so dass du niemals rückwärts läufst. Wenn du zurückkehrst zu der Aufschlaglinie, nimmt einen weiteren Ball und mache es nochmal. Das Ziel ist es, mehr Kontakte außerhalb, vor und hinter der Aufschlaglinie zu bekommen, um so davon zu profitieren, näher an deinem Ziel zu sein, welches immer das Aufschlagfeld auf der anderen Seite des Platzes ist. Diese Übung wird dir helfen sehr viele gute Dinge für deinen Aufschlag zu erlernen:

1. Es wird deinen Schlag verbessern.

2. Es wird dir helfen, nach vorn zu gehen und Kontakte zu bekommen, so dass dein Arm nicht eingeschränkt oder angewinkelt ist, wenn du den Ball schlägst.

3. Die Übung wird dich lehren, deinen ganzen Körper und nicht nur deinen Arm einzusetzen um Kraft zu erzeugen.

4. Sie wird außerdem dein Netzspiel verbessern, da du dich immer wieder in Richtung des Netzes bewegen wirst.

5. Du wirst lernen, niedrig ins Feld zu schlagen und nicht hoch zu der anderen Seite des Feldes.

6. Dein Kinn wird länger oben bleiben als normal, was dir mehr Bälle über das Netz einbringt.

Wenn du 30-100 Bälle auf der Einstandsseite geschlagen hast, wechsel und mach dasselbe auf der anderen Seite. Die Summe der Aufschläge, die du spielst, wird durch dein Spielniveau entschieden. Aber auch davon, wie viele Aufschläge du machen kannst, ohne dass deine Schulter schmerzt, insbesondere wenn du bereits Probleme damit in der Vergangenheit hattest.

9. Aufschlags- und Volley-Übung

Bei der Aufschlags- und Volley-Übung musst du an der Aufschlaglinie anfangen. Beginne, indem du aufschlägst und dich in Richtung des Netzes vorbewegst. Du wirst einen imaginären Volley auf der Vorhandseite vollenden müssen. Ich nenne das einen simulierten Volley, da du bei diesem Schlag keinen Ballkontakt haben wirst, aber du wirst deine beste Technik und Anstrengung verwenden müssen, so dass du nicht ins Netz läufst. Der Schlüssel liegt darin die Mittelfeldlinie zu überqueren, bevor du einen Volley schlägst, so dass du den ganzen Weg bis zum Netz gegangen bist. Das ist eine große körperliche Herausforderung, aber sie lohnt sich.

Mach das 10-50 Mal auf der Einstandsseite und wechsel deine Aufschläge zwischen Vorhand-Volley und Rückhand-Volleys ab, wenn du zum Netz gelangst. Du kannst einen Overhead nach dem Volley hinzufügen, welcher deine Aufschläge und Volleys noch mehr verbessert. Insgesamt solltest du 30-100 Aufschläge auf der Einstandsseite machen.

Wenn du 30-100 Bälle auf der Einstandsseite geschlagen hast, wechsel und mach dasselbe auf der anderen Seite. Die Summe der Aufschläge, die du spielst, wird durch dein Spielniveau entschieden. Aber auch davon, wie viele Aufschläge du machen kannst, ohne dass deine Schulter schmerzt, insbesondere wenn du bereits Probleme damit in der Vergangenheit hattest.

10. Die Drei-Viertel-Aufschlag Übung

Bei der Drei-Viertel-Aufschlag Übung wirst du an der Aufschlaglinie auf der Einstandsseite des Platzes stehen. Du wirst einen schnellen zweiten Aufschlag spielen müssen, der zudem kontrolliert und konsistent sein sollte, aber sei auch aggressiv. Es sollte ein Aufschlag sein, der für deinen Gegner schwierig zu kontern ist, aber es sollte nicht unbedingt ein Ass sein. Die beste Art und Weise das zu tun ist mit einem Slice oder einem Kick-Aufschlag, aber man kann ihn auch flach schlagen, wenn du keine Spin-Aufschläge beherrschst.

Wenn du 30-100 Bälle auf der Einstandsseite geschlagen hast, wechsel und mach dasselbe auf der anderen Seite. Die Summe der Aufschläge, die du spielst, wird durch dein Spielniveau entschieden. Aber auch davon, wie viele Aufschläge du machen kannst, ohne dass deine Schulter schmerzt, insbesondere wenn du bereits Probleme damit in der Vergangenheit hattest.

11. Die "Beweg dich entlang der Grundlinie" Aufschlags-Übung

Bei dieser Übung wirst du auf der Einstandsseite des Aufschlagfeldes stehen und dich so nahe der Mitte positionieren wie nur möglich. Du wirst von dieser Stelle aus aufschlagen und dann einen Schrott nach rechts machen und wieder aufschlagen. Du wirst das wiederholen, bis du das Doppelfeld erreichst. In diesem Moment beginnst du damit einen Aufschlag zu spielen, indem du einen Schritt nach links machst, so dass du dich wieder zur Mitte des Feldes zurückbewegst. Beeil dich nicht bei dieser Übung. Vollende einen Aufschlag und tritt dann zur Seite und vollende den nächsten, so dass du dich daran gewöhnst, Aufschläge von verschiedenen Winkeln der Grundlinie zu spielen.

Wenn du 30-100 Bälle auf der Einstandsseite geschlagen hast, wechsel und mach dasselbe auf der anderen Seite. Die Summe der Aufschläge, die du spielst, wird durch dein Spielniveau entschieden. Aber auch davon, wie viele Aufschläge du machen kannst, ohne dass du müde wirst.

12. Die Übung für einen abwechslungsreichen Aufschlag

Bei dieser Übung wirst du lernen, flach, mit einem Slice und mit Topspin aufzuschlagen und einen Kick-Aufschlag auszuüben. Hierzu wirst du dich auf Einstandsseite des Feldes stellen und du beginnst mit einem flachen Aufschlag gefolgt von einem Aufschlag mit einem Slice, gefolgt von einem Aufschlag mit einem Topspin bzw. Kick-Aufschlag. Die Reihenfolge ist wichtig, aber nicht festgelegt, da du von einem flachen Aufschlag ohne Probleme zu einem Kick-Aufschlag übergehen kannst und dann wieder zu einem Aufschlag mit Slice. Der Schlüssel liegt in der Vielfalt. Dir ist es nicht erlaubt, denselben Aufschlag nacheinander zu spielen. Du musst jedes Mal variieren, wenn du einen Aufschlag machst. Das wird dir helfen, mehr Aufschläge zu gewinnen und Service Winner zu erzielen, weil dadurch der Schwierigkeitsgrad für deinen Gegner steigt. Aufschläge zu variieren bringt dir mehr als nur unvorhersehbar zu sein.

Wenn du 30-100 Bälle auf der Einstandsseite geschlagen hast, wechsel und mach dasselbe auf der anderen Seite.

Die Summe der Aufschläge, die du spielst, wird durch dein Spielniveau entschieden. Aber auch davon, wie viele Aufschläge du machen kannst, ohne dass deine Schulter schmerzt, insbesondere wenn du bereits Probleme damit in der Vergangenheit hattest.

Mach 30 flache Aufschläge, Aufschläge mit Slice und Topspin nacheinander in dieser Reihenfolge.

13. Übung für einen Power Aufschlag

Bei dieser Übung beginnst du mit einem Aufschlag von der Einstandsseite des Feldes aus. Du beginnst mit einem zarten Aufschlag um langsam die Aufschlags-Geschwindigkeit mit jedem Schlag des Balles zu erhöhen. Der erste Aufschlag, den du machst, sollte sehr langsam sein, der zweite sollte etwas schneller sein usw. Wenn du zu deinem sechsten Aufschlag kommst, nachdem du bei deinem ersten Aufschlag langsam gespielt hast, solltest du am heftigsten schlagen. Wiederhol diesen Vorgang drei Mal – immer von langsam zu schnell, als ob du deinen Aufschlag aufwärmst und herausfindest, welcher dein hefigster und schnellster Aufschlag ist. Wenn du einmal weißt, wie hart du aufschlagen kannst, wirst du nur noch harte Aufschläge machen, bis du 20-60 Bälle auf der Einstandsseite des Feldes gespielt hast. Wechsel anschließend und mach dasselbe auf der anderen Seite. Die Summe der Aufschläge, die du spielst, wird durch dein Spielniveau entschieden. Aber auch davon, wie viele Aufschläge du machen kannst, ohne dass deine Schulter schmerzt, insbesondere wenn du bereits Probleme damit in der Vergangenheit hattest.

Stell bei dieser Übung sicher, dass du immer eine bestmögliche Technik beibehältst, so dass du dich nicht nur auf die Stärke konzentrierst und dabei das vergisst, was am wichtigsten beim Aufschlag ist: Geschmeidigkeit. Einen geschmeidigen und entspannten Aufschlag zu haben wird dir dazu verhelfen, einen viel schnelleren Aufschlag zu machen. Ihn noch dazu mit einer sauberen Technik auszuführen macht es wahrscheinlicher, effektiv aufzuschlagen.

14. Übung für einen kurzen Aufschlag

Bei dieser Übung wirst du nicht mehr auf der Einstandsseite des Feldes stehen, sondern auf der Mittelfeldlinie. Dein Ziel ist es nicht, deinen Aufschlag in das Aufschlagfeld zu spielen, wie du es normal tun würdest, sondern du wirst nun viel näher im Innern des Feldes stehen. Dir ist es erlaubt, den Ball hochzuwerfen und einen Kontakt direkt vor dir zu haben, solange du keinen Stellungs-Fehler begehst. Vollende je 20 Aufschläge von der Einstands- und Vorteilseite. Schreib auf, wie viele deiner Bälle treffen und wie viele nach dem Aufprallen den hinteren Zaun berühren oder den hinteren Zaun nicht erreichen. Fortgeschrittene Spieler können abschätzen, wie hoch auf dem hinteren Zaun du getroffen hast und daran arbeiten jedes Mal die Höhe zu steigern.

Nachdem du 20 Aufschläge ausgehend von der Mittelfeldlinie auf jeder Seite vollführt hast, tritt einen Schritt zurück und schlag einen Ball in das Aufschlagfeld auf. Mache als nächstes einen weiteren Schritt zurück und schlag wieder auf. Mach damit weiter immer wieder einen

Schritt zurückzugehe, nachdem du einen Aufschlag gemacht hast, und zwar solange bis du die Grundlinie erreichst, auf der du stehen bleiben wirst. Erreichst du die Grundlinie, spiel weitere 20 Aufschläge von dort – sowohl von der Einstands- als auch von der Vorteilseite. Wenn du die Grundlinie erreichst, denk daran, deinen Aufschlag höher zu platzieren, da deine Aufschläge am Anfang vermutlich ins Netz gehen werden. Das liegt an dem Winkel, in dem dein Schläger steht, wenn du auf der Mittelfeldlinie bist.

15. Übung für den „Auf-deinen-Knien"-Aufschlag

Bei dieser Übung benötigst du eine bequeme Matte oder ein Handtuch, damit deine Knie nicht schmerzen, wenn du dich darauf kniest. Beginn damit auf deiner Matte zu knien, während du dich rechts auf der Grundlinie auf der Einstandsseite des Feldes befindest. Nimm dir einen Ball und schlag ihn in das Aufschlagfeld. Du wirst einen normalen Aufschlag ausführen, nur dass die untere Hälfte deines Körpers ausgeschaltet ist, da du dich auf deinen Knien befindest. Vollende 10-20 Aufschläge, während du auf den Knien bist, steh dann auf und mach nochmal 10-20 Aufschläge ohne die Matte. Das ist deine erste Runde an Aufschlägen. Geh zurück auf deine Knie und beginn mit der zweiten Runde an Aufschlägen. Es sollte eine Kombination aus Runden an Aufschlägen auf deinen Knien und normalen Aufschlägen sein. Wiederhole diesen Vorgang je drei Mal auf jeder Seite des Feldes. Du solltest 30-60 Aufschläge auf der Einstandsseite gemacht haben, wenn du fertig bist. Wenn du auf der Einstandsseite fertig bist, nimm deine Matte und nimm sie mit zur

Vorteilsseite, wo der ganze Prozess von vorn beginnt. Am Ende der Übung solltest du 60-120 Aufschläge ausgeführt haben. Die Summe der Aufschläge, die du spielst, wird durch dein Wohlbefinden entschieden. Aber auch davon wie hart du an diesem Tag trainieren willst.

ACHTUNG: Mach nicht alle Übungen an einem Tag. Du solltest nicht 1.000 Aufschläge an einem Tag oder während einer Trainingseinheit machen. Wähle ein oder maximal zwei Übungen pro Tag oder Trainingseinheit aus und arbeite daran. Alle diese Übungen sind großartig und werden deinen Aufschlag verbessern. Wähl nur diejenigen aus, die du tun willst, und trainiere sie eine Woche oder Monat lang, um das meiste aus diesen 15 Übungen mitzunehmen. Stell sicher, dass jemand ein Auge auf deine Gesamttechnik wirft, da diese wichtig für einen erfolgreichen Aufschlag ist und dir helfen wird, dein Potential schneller auszuschöpfen. Dehn dich und wärm dich auf, bevor du mit den Aufschlägen beginnst. Seilspringen, Joggen, Ballwürfe und Armkreise sind alles gute Übungen, um sich vor einem Aufschlag aufzuwärmen.

ANDERE TITEL VON JOSEPH CORREA

Tennis Serve Harder Training Program

Diese DVD wird dich lehren, wie du im Rahmen eines dreimonatigen Tagesprogramm 16 bis 32 km/h schneller aufschlägst. Das beste Aufschlags-Programm auf dem Markt. Das Video beinhaltet ein dreimonatiges Training Programm mit Tabelle und Schritt-für-Schritt-Anleitung. Die DVD zeigt dir, wie man die Übungen richtig machen und den Vorgang, dem du folgen solltest um in diesem Programm erfolgreich zu sein.

Joseph Correa ist ein Profi-Tennisspieler und Trainer, der viele Jahre lang ITF und ATP Wettbewerbe selbst bestritt oder andere für diese trainiert hat. Neben seiner eigenen professionellen Tenniskarriere ist er ein von der USPTR sowie von der ITF Kids lizensierter Coach.

The 33 Laws of Tennis

The 33 Laws of Tennis ist ein Buch voller wertvoller Tennis-Konzepte, die dir helfen ein besserer und vorbereiteter Tennisspieler zu werden. Geschrieben wurde das Buch von einem Profi-Tennisspieler und Trainer aus den USA. Es ist ein sehr nützliches Buch, das sehr praktisch ist, wenn du es am wenigsten erwartet, und dich an viele kleine, aber wichtige Dinge vor einem Wettbewerb erinnern wird.

Tennis Footwork and Cardio by Joseph Correa

Joseph Correa ist ein Profi-Tennisspieler und Trainer, der viele Jahre lang ITF und ATP Wettbewerbe selbst bestritt oder andere für diese trainiert hat. Neben seiner eigenen professionellen Tenniskarriere ist er ein von der USPTR sowie von der ITF Kids lizensierter Coach.

Komm in Form und verbessere deine Mobilität auf und außerhalb des Tennisplatzes. Deine Beinarbeit wird sich drastisch verbessern genauso wie es dein Herz und deinen Körper stärken wird. Es ist für einen Profi-Tennisspieler egal welchen Levels definitiv interessant. Du wirst schneller, stärker und agiler werden und auf dem Platz wird man eine Verbesserung der Beschleunigung deiner Grundschläge und Aufschläge erkennen. Geschrieben wurde das Buch von einem Profi-Tennisspieler für andere um deren Spiele voranzubringen und sie mehr Spiele gewinnen zu lassen.

Yoga Tennis by Joseph Correa

Yoga Tennis by Joseph Correa ist eine gute Art und Weise deine Flexibilität und Agilität auf dem Platz zu verbessern. Erreich mehr Bälle und verletz dich weniger. Du gewinnst mehr, indem du an verschiedenen Stellen deines Spiels arbeitest. Die DVD dauert ungefähr 30 Minuten. Es kann von Amateur- sowie Profi-Spielern genutzt werden um ihr Spiel zu verbessern und länger in einem Spiel zu bestehen. Das ist die beste Art und Weise für einen Tennisspieler flexibler zu werden und häufige Rücken-, Knie-, Schulter-, Oberschenkel-, Waden- und Quadriceps-Verletzungen loszuwerden. Du wirst froh sein, anfangen zu können! Das ist eine verbesserte Ausgabe von unserem MBS Yoga Tennis 2012.

Tennis Abs by Joseph Correa

Tennis Abs ist eine gute Art und Weise deine Quote bei kraftvollen Aufschlägen, Vorhand- und Rückhandschläge und ebenso bei Volleys zu verbessern. Bauchmuskeln sind wichtig für ein besseres Spiel. Diese DVD arbeitet mit verschiedenen Bauchpressen, Sit-ups, Muskel- sowie Rücken-Übungen, die du nicht in anderen Videos finden wirst. Fühl dich selbstsicher, wenn du dein T-Shirt während eines Spiels wechselst und schlag den Ball härter!

www.ingramcontent.com/pod-product-compliance
Lightning Source LLC
Chambersburg PA
CBHW070155080526
44586CB00015B/1992